EXPOSITION
DE LA SOCIÉTÉ
DES AMIS DES ARTS
DE BORDEAUX.

1852

REVUE CRITIQUE

par

LAURENT MATHERON.

(75 Cent.)

BORDEAUX.

CHEZ LES PRINCIPAUX LIBRAIRES.

EXPOSITION

DE LA SOCIÉTÉ
DES AMIS DES ARTS

DE BORDEAUX.

1852

REVUE CRITIQUE

PAR

Laurent Matheron.

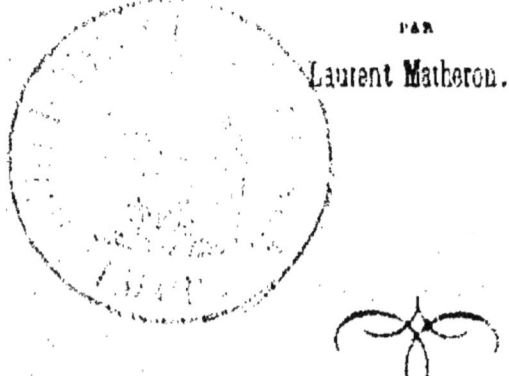

BORDEAUX

—

CHEZ LES PRINCIPAUX LIBRAIRES.

Bordeaux Imp. de Mad. v. N. Duviella,
rue Porte-Dijeaux, 65.

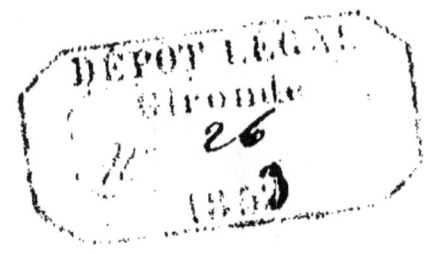

> « Ce qui rend presque certaines les
> « espérances que doit inspirer l'état des
> « arts en France, c'est qu'ils sont vrai-
> « ment en honneur auprès du souverain
> « et auprès du public.
>
> « GUIZOT. »

Il y a un an, à pareille époque, nous annoncions la première exposition de la société des *Amis des Arts* de Bordeaux, nous rendions compte des principaux ouvrages qui s'y remarquaient, et nous formions des vœux pour l'avenir d'une institution dont le programme et la première tentative étaient gros de promesses.

Depuis lors, *la Société* a vu s'accroître dans de notables proportions le chiffre de ses membres et, par conséquent de ses ressources ; elle a vu s'étendre sur elle les libéralités de la Municipalité ; enfin elle s'est placée sous un auguste patronage. Pleine de sollicitude pour tout ce qui peut assurer dans notre pays la prospérité des Beaux-Arts, S. A. I., en acceptant ce patronage, a fait déposer une généreuse offrande dans la caisse de la *Société*, qui, on le sait, est celle des artistes.

De si honorables témoignages de sympathie parlent plus haut que les éloges que nous serions tentés d'adresser ici aux fondateurs de la *Société des Amis des Arts*, et prouvent que leur programme a tenu déjà tout ce qu'il avait promis, que de légitimes succès ont couronné des efforts éclairés et constants.

Nous ne reviendrons pas sur l'exposition de 1851, on se rappelle combien elle fut brillante et suivie. Elle a surpris et charmé les amateurs par une réussite prématurée ; elle a procuré aux exposants le placement de près de 28,000 francs de tableaux ; (*) elle a attiré par ce résultat matériel l'attention des indifférents qui ont compris que pour n'être pas cotés à la Bourse, les objets d'art n'en ont pas moins quelque valeur.

Peu après ce premier *Salon*, la *Laiterie* rouvrit ses portes au public, appelé cette fois à visiter un merveilleux musée, composé de toutes les riches collections particulières de la ville.

Le but de cette exposition unique, exceptionnelle était de faire connaître des peintures d'une

---

(*) Voici sur ce chiffre quelques détails extraits du remarquable compte rendu de la commission administrative de la Société 1850-1851 :

Achat de la Société, pour sa loterie......	14,824 fr.
Id. de divers amateurs.................	8,777
Id. de la Ville et du Ministère de l'intérieur.............................	4,000
	27,601 fr.

grande valeur artistique et qui, jusqu'alors, n'avaient presque servi qu'au plaisir exclusif de leurs heureux possesseurs. Le public répondit avec empressement à cet appel, et montra par là qu'il ne demande pas mieux que de compléter son éducation sous l'influence d'une bonne direction.

L'exposition dont nous allons nous occuper et qui vient de s'ouvrir, présente sur celle de 1851, réservée comme elle aux artistes vivants, de sensibles avantages quant au nombre et à la qualité des objets exposés. Presque tous les grands noms qui figuraient au livret se retrouvent sous nos yeux. Cependant Gérôme, Coignet, Chasseriau, Couture, Meissonnier, Rousseau, ne nous ont rien envoyé cette année. Parmi les nouveaux exposants, nous remarquons Brascassat, Rosa-Bonheur, Adolphe Leleux, Jules Dupré, etc.

Nos compatriotes, moins nombreux que l'année dernière, tiennent assez bas leur bannière dans ce concours. Nous sommes forcés d'avouer, quoiqu'il nous en coûte, qu'ils sont effacés, même au second rang, par les artistes étrangers. C'est moins pour formuler un reproche que pour exprimer un regret que nous mentionnons ici l'absence de MM. Maggési, Collin, Gibert, Lambert, Monestier, Belloc. Quant aux architectes bordelais, ils ont comme d'ordinaire fait entièrement défaut.

Il serait ambitieux de vouloir étudier dans une exposition de province, les tendances de l'art. L'incertitude de la vente, l'éloignement de la capitale, la difficulté des transports, nous privent des grandes pages sur lesquelles peuvent se lire l'histoire de la peinture. En outre, nous ne recevons, et cela doit être, qu'un petit nombre de productions tout-à-fait nouvelles : c'est à Paris qu'il appartient de jouir de toutes choses dans leur fleur, si l'on peut s'exprimer ainsi, et dans leur primeur.

Toutefois, on pourrait, il semble, constater ici ce qui s'est observé depuis bien des années à l'occasion des expositions nationales, à savoir que l'art considéré par son côté le plus élevé, c'est-à-dire dans son essence philosophique, marche à l'aventure sans guide et sans boussole ; que toutes les écoles, toutes les doctrines, tous les systèmes des âges passés, se coudoient dans une inextricable pêle-mêle.

Au milieu de cette confusion, de cet amalgame d'écoles et de principes, l'école qui domine naturaliste et matérialiste à la fois, est celle qui adore la forme et ne veut plaire qu'aux yeux ; la pensée prééminente est le mépris de la pensée elle-même.

Personne n'ignore la raison de cet état de choses : elle est dans l'absence d'une impulsion forte et unitaire, impulsion nécessaire, aux époques de civilisation avancée, quand les peuples n'obéissent plus comme un seul individu à une foi quelconque.

Mais l'avenir se présente sous de favorables auspices; un pouvoir fort et majestueux vient d'inaugurer en France une ère de force et de grandeur. Sûrs du lendemain, dirigés et soutenus, les artistes entreprendront des choses grandes et durables ; fiers de leur pays et pénétrés de sa dignité, ils l'honoreront et s'honoreront eux-mêmes dans leurs œuvres.

Abordons maintenant la partie critique de ce

travail ; elle nous permettra d'envisager dans leur application les idées générales que nous venons d'exposer, et d'émettre sur certains points quelques considérations d'un intérêt secondaire.

Si on me demandait quels sont les divers genres qui se partagent le domaine de la peinture, et dans quel ordre hiérarchique ils doivent être envisagés, je ne serais peut-être pas très embarrassé. Mais, il n'en serait pas ainsi à coup sûr si on exigeait que je fisse, selon ces divisions, des catégories distinctes des tableaux d'une exposition.

Voici pourquoi, plusieurs classes, notamment la peinture d'histoire dont celle de *genre* envahit tous les jours la place, s'en vont ou se tranforment ; d'autres s'entremêlent, et subissent cette espèce de croisement dont je viens de parler à propos des doctrines et des écoles ; enfin il en est qui, par de bizarres modifications, échappent à la classification.

Cela dit, on ne trouvera pas mauvais j'espère, que, dans ce qui va suivre, je me laisse aller un peu au hasard du livret, ou à la préférence que méritent des noms imposants, tout en respectant quelques divisions principales.

A quoi servirait d'ailleurs que je déterminasse le genre précis de chaque composition, serait-ce pour en faire pressentir la valeur ou le rang ? non, car il me semble qu'une bonne marine, par exemple vaut bien un mauvais tableau d'histoire, et que celui-ci doit céder le pas à celle-là. Ici comme ailleurs l'étiquette ne signifierait rien, et mes lecteurs, si j'en ai, n'imiteraient pas une dame à la mode que je rencontrai il y a quelque temps dans un atelier de sculpture de Paris, et qui avant de s'exprimer sur le mérite des choses qu'on lui présentait, faisait cette naïve question. « Ceci est-il classé comme objet d'art? » sur la réponse affirmative de l'artiste, la dame jetait les hauts cris et trouvait tout admirable.

———

A la tête des ouvrages de grand style que compte l'exposition, se trouvent *Hamlet et le Fossoyeur* et le *Prisonnier de Chillon*, d'Eugène Delacroix. Je me dispenserai de placer ici, ainsi que cela se pratique quand on a prononcé ce nom, une dissertation dogmatique sur le dessin et la couleur.

Je n'examinerai ces questions que dans leurs rapports directs avec les œuvres que j'aurai à analyser. Si je commets quelque erreur j'éviterai ainsi du moins celle où tombent les critiques qui se prononcent à priori pour le dessin contre la couleur ou vice versà ; erreur étrange qui ferait croire que tout l'art est dans les crayons ou dans la palette de l'artiste, et qui fait méconnaître le sens des mots et la valeur des faits. A mon avis, sans l'accord parfait du dessin qui met les choses à leurs places, et de la couleur qui leur donne l'apparence qu'elles doivent avoir, il n'y a pas de peinture possible, et le plus habile dans une de ces deux branches de l'art, ou même dans les deux à la fois, ne sera qu'un homme de talent s'il n'a pas aussi pour lui le génie qui féconde la science, et qui pourrait souvent se passer d'elle sans que jamais elle put se passer de lui.

M. Delacroix présente quelquefois cet exemple du génie secouant les entraves de la science pour fendre plus hardiment les espaces. Comme aussi il est sujet aux réactions qui se produisent nécessairement de temps en temps chez les hommes de sa trempe. Et c'est ce qui sert de prétexte aux attaques de ses détracteurs.

Mais il faut le reconnaître, malgré bien des déclamations, ce maître est non-seulement le pivot autour duquel circule et gravite toute l'école contemporaine, mais encore le précurseur de l'école qui devra détrôner celle-ci. Il dépasse de toute la hauteur de la tête, comme un drapeau, les maîtres qui ont ont pu se croire ses émules; Quelques-uns l'ont égalé, surpassé même comme praticiens, nul ne l'a suivi quand il lui a plu de s'élever dans les hauteurs où planent le sentiment et la pensée.

Je ne sais rien de plus propre à être reproduit par le pinceau, que le théâtre si plein d'images curieuses et de situations dramatiques de Shakspeare. Aussi toutes les pages du grand dramaturge ont-elles été interprétées mille fois par les artistes de tous les pays. La touchante scène d'*Hamlet et le Fossoyeur* peinte par Delacroix était une des plus intéressantes que l'on put choisir. Le drame et le tableau sont trop connus pour que la description en soit nécessaire. La poésie profonde et mélancolique de l'écrivain, son inexorable philosophie, l'originalité de sa facture, le peintre s'est tout assimilé en conservant le cachet qui lui est particulier. Les expressions sont vraies et bien senties; la couleur si éclatante du maître, a pris pour la circonstance des teintes brunes que le temps a encore assombries. Le dessin, large et tranquille, n'offre que des lignes douces et j'oserai dire mélancoliques.

A mon sens cette œuvre magistrale réunit toutes les perfections, et elle devrait faire prendre en grande pitié ceux qui prétendent que Delacroix n'est rien de plus que le premier de nos coloristes.

Le *Prisonnier de Chillion* est une composition aussi renommée que celle qui précède. Ici ce n'est plus une rêverie philosophique supérieurement exprimée ; l'artiste nous fait assister au spectacle le plus émouvant qui se puisse imaginer. Le prisonnier enchaîné au mur de sa prison, voit mourir sous ses yeux son jeune frère, gisant sur le sol et attaché à l'autre extrémité du cachot. Il veut le secourir ou recevoir son dernier adieu ; le corps en avant, le pied fortement pressé contre le mur humide auquel il est cloué, il fait un suprême effort pour briser ses liens.

Voilà le tableau, quant à l'idée et à l'action ; les qualités d'exécution répondent au mérite de l'idée. Entièrement peinte dans la demie teinte cette scène met en relief toutes les finesses, les délicatesses d'une riche palette. Le dessin procède comme dans la nature par les ensembles et dédaigne quelques minces détails. Un vernis trop brillant nuit un peu au bel aspect de cette toile.

Combien peu de ces gigantesques compositions, dites héroïques et que l'on aimait tant naguère, produiraient un effet aussi saisissant, exciteraient autant d'intérêt que ces deux figures.

La *Femme juive* et le *Cavalier arabe* du même maître, sont de simples pochades qui paraissent n'être là que pour montrer l'éclat et la beauté de son coloris. Le cavalier très habilement peint, est un peu déparé par la touche martelée du cheval qui affecte l'œil désagréablement. Aussurément ces deux petits tableaux, comparés aux deux autres, seraient trouvés infiniment inférieurs. Cependant, on voit aisément qu'un grand maître a passé par là.

L'année dernière nous nous plaignions de n'avoir qu'une bluette de Decamps; cette année nous avons sa *Défaite des Philistins.* C'est un large dédommagement. Grandiose et élégant, robuste et aventureux, tantot méditatif comme un Arabe, tantot extravagant comme une tempête, Decamps ne peut pas se dépeindre par une phrase. Il ne ressemble à personne, et n'a pas de filiation. C'est tout ce qu'il me paraît avoir de commun avec Delacroix : il est lui, voilà tout.

« Samson dit : je les ai défaits avec une ma-
» choire d'âne, avec la machoire d'un ânon, et
» j'ai tué mille hommes. » Decamps a pris dans cette antique rodomontade le motif d'une bataille d'un goût nouveau. Comme un vaisseau que la mer frappe de tous côtés de ses vagues écumantes, Samson est seul au milieu de l'armée des Philistins; mais il ne périra pas comme le vaisseau, car dans cette main qui a déchiré le lion de Thamnatha, il tient une arme terrible.

On ne peut pas regarder sans avoir la chair de poule cette effroyable boucherie, cette mêlée sanglante, ces corbeaux qui se détachent en noir sur les tons livides du ciel. La touche de ce tableau est hardie et emportée comme il convenait au sujet. La couleur présente dans le fond de la scène, ce tour de force inouï d'un plan entier pris dans un ton ou deux. Le dessin est aussi exact que le comportait des figures de très petite dimension. Malgré un apparent désordre, la composition est savamment combinée, l'action pleine d'unité, et l'effet bien ménagé. En tout, cette toile est de celles dont on ne se sépare qu'à regret après en avoir joui quelques jours.

Près de la *Défaite des Philistins* est placée une compositon que son sujet rendait digne de ce voisinage. C'est encore une terrible scène, mais celle-ci appartient à l'époque contemporaine, et par conséquent elle nous touche de plus près. C'est tout simplement une bande de *Pilleurs bretons* qui s'abat comme une tribu sauvage, sur des cadavres jetés à la côte, pour les dépouiller.

Il y avait dans cette coutume qui subsistait il n'y a pas longtemps et qui subsiste peut-être encore dans plusieurs endroits de la côte de Bretagne, quelque chose d'horriblement pittoresque et de très attrayant pour la peinture.

M. Luminais, l'auteur des *Pilleurs de mer* en a tiré un très bon parti. Ses personnages sont groupés, dessinés et peints d'une façon toute magistrale. Sa touche abrupte et solide, sa couleur vraie et simple, s'arrangent parfaitement d'une nature sauvage et forte. Il y a tant de mouvement et d'action dans sa composition, ses figures respirent tant d'avidité et d'âpreté, que ce tableau impressionne profondément : en le regardant on comprend bien que ces bonnes gens ne sont guère moins féroces que ces peuplades barbares qui mangent leurs ennemis.

Au premier plan, la femme qui va arracher un collier au cadavre d'une jeune fille, est d'une hideur inexprimable. Un ciel ardoisé et terne, une mer agitée encadrent ce drame lugubre.

Qui dirait que M. Luminais a peint aussi ce petit *Gardeur d'ânes*, si tranquillement couché, au milieu d'une campagne qui semble endormie, et de son troupeau nonchalant et paresseux. Ce tableau ne rappelle l'autre que par ce sentiment vrai de la nature, par cette fermeté de brosse, ce travail large et facile qui sont les qualités caractéristiques de M. Luminais.

Pour en en finir avec les sujets tragiques et sanguinolents, je passe à ce souvenir des journées de Juin que M. Adolphe Leleux a intitulé *Un convoi de prisonniers* et qu'il aurait pu nommer l'émeute vaincue, le triomphe de l'ordre sur la révolution etc., car il y a tout cela dans ce défilé d'hommes à visages sinistres et contristés, à vêtement déchirés et tachés de sang, à la démarche piteuse.

Ils s'étendent entre deux haies de soldats sur toute la longueur de la toile, et disparaissent à droite au tournant d'une rue. Derrière eux se dressent des maisons dont les balles et la mitraille ont brisé les enseignes, et troué les murs. Voilà une page qui malgré l'étroitesse de son cadre appartient au genre historique. M. A. Leleux est un artiste de talent. Sa composition est bien ordonnée et bien montée. Il y a dans sa peinture qui plaît pourtant à première vue quelque chose d'indéfinissable, de vague qui fatigue les yeux comme certaines étoffes qu'on ne peut regarder. Peut-être cela dépend-il de la manière dont elle est éclairée.

Jusqu'à présent je n'ai vu que des peintures qui remuaient à la fois et l'esprit et la sensibilité du spectateur : *Hamlet, Samson, les Pilleurs de mer*. Mais voici le *Passage du Danube* de M. Bellanger devant lequel je demeure parfaitement froid et insensible. Cependant il y a là une belle multitude, un agencement fort remarquable, de rares qualité de dessins et de perspective, puis l'empereur, puis un haut fait de notre armée ; enfin toutes sortes d'éléments de succès. Est-ce que la froideur que je reproche à ce tableau d'un artiste émérite, naîtrait de la perfection même de l'exécution, de l'éparpillement de l'effet, ou du ton blafard qui règne sur toute la toile, et représente la nuit. Je l'ignore ; mais ce que je sais bien, je le répète, c'est que pendant que mes yeux admirent, le sentiment n'est intéressé en aucune façon.

Mon Dieu, c'est peut-être aussi un défaut du genre. M. Bellanger est comme une réduction d'Horace Vernet, hé bien ! je l'avoue, je n'ai jamais senti le frisson me gagner, ni mon cœur battre bien fort devant les œuvres monumentales de ce grand historiographe du dernier règne.

La bonne rencontre, de M. Bellanger aussi, représente un troupier fatigué qu'une jeune villageoise a charitablement fait monter sur son âne, et qui chemine avec elle et un enfant chargé de bois. Cette petite caravane, peinte avec beaucoup de soin, et éclairée par un soleil couchant, forme un ensemble qui doit charmer les amateurs des scènes militaires.

Ces scènes pour lesquelles nos pères avaient, il y a quarante ans, un goût très prononcé, sont aujourd'hui beaucoup moins prisées. La mode a son influence dans le monde des arts comme partout.

On l'a vue tour à tour pousser l'école vers la mythologie, l'allégorie, l'histoire romaine, les guerres contemporaines, et je ne sais plus quoi encore !

Quoiqu'elle fasse, cette capricieuse puissance ne parviendra jamais je crois, à remettre en honneur quelques unes de ces tendances : Nous ne verrons plus les arts du dessin donner dans les subtilités de l'allégorie, ou dans les fables de la mythologie. Celles-ci ne nous instruiraient pas plus que les contes de fées ; celles-là seront repoussées par la raison et la convenance.

Qu'on y réfléchisse en effet, la peinture comme la sculpture, sont privées des ressources dont dispose la poésie : elles montrent les choses sous un seul aspect, les actions à un seul point fixe et déterminé. Quand nous regardons une statue ou un tableau, nous voulons savoir du premier coup d'œil ce qu'ils représentent, ce qu'ils signifient. Que deviendrons-nous donc si on nous met en présence d'une de ces mystifications allégoriques si communes au siècle dernier ? Ou nous n'y comprendrons rien, et alors nous maudirons l'artiste qui aura mis notre sagacité en défaut, ou bien nous accepterons les explications que l'on nous donnera, et au lieu de prendre les choses pour ce qu'elles paraîtront être, nous les prendrons pour ce que l'imagination de l'artiste aura voulu leur faire représenter.

La poésie, elle, tourne et retourne ses tableaux pour les montrer de tous les côtés ; les commente, jusque dans leurs moindres détails, multiplie les points de vue, et ne laisse rien à désirer à l'esprit.

Tous les sujets lui sont bons, et elle est propre à tous les sujets.

L'apologue, cette forme que Lafontaine a illustrée et dont il a tiré un si admirable parti, n'offre pas plus de ressources aux Beaux-Arts que l'allégorie. Le *Lion amoureux*, par exemple, est bien une des plus délicieuses fables que nous connaissions. Le ton en est fin, l'allure noble, comme il convenait à une pièce dédiée à Mme de Sévigné. Cependant je n'aurais pas cru qu'on pût en faire un tableau.

M. Roqueplan n'a pas pensé ainsi et voici sa composition. Au premier plan un lion est majestueusement assis auprès d'une belle et blonde jeune fille qui lui rogne les ongles, comme Dalila fit à Samson. Dans le fond et par une échappée du paysage, quelques personnages, assistés de deux grands dogues, montrent audacieusement leurs nez.

On peut juger cette œuvre de deux façons. Si on ne se préoccupe pas de l'idée et qu'on n'aille pas au-delà de ce qui frappe la vue, on n'a que des beautés à relever, des perfections à signaler : ce tableau est un des plus complets du salon : le lion est superbe ; la jeune fille, dont la beauté diaphane contraste avec la beauté puissante de son terrible courtisan, est la plus ravissante figure qu'on puisse concevoir. Un rayon de soleil éclaire son front, comme un diadème, et glisse sur sa poitrine dont elle dénonce l'éclatante blancheur. Le paysage et les autres figures, sacrifiés au groupe principal, sont peints dans une gamme plus sourde et très harmonieuse.

Mais si, plus exigeant, on veut savoir ce que

signifie cette composition, on tombe dans un grand embarras. Un lion dont on fait les ongles, des gens qui regardent paisiblement cette curiorité, deux chiens qui se mêlent au spectateurs, quel tissu d'invraisemblances ! Répondra-t-on que toutes difficultés sont levées parcequ'on sait par cœur son Lafontaine. Je le veux bien, mais alors vous prendrez à la lettre ces vers charmants :

« Un lion de haut parentage,
» En passant par un certain pré,
» Rencontre bergère à son gré ;
» Il la demande en mariage.

. . . .
. . . .

» Le père donc ouvertement
» N'osant renvoyer notre amant,
» Lui dit : ma fille est délicate ;
» Vos griffes la pourront blesser
» Quand vous voudrez la caresser.
» Permettez donc qu'à chaque patte
» On vous les rogne ; et pour les dents,
» Qu'on vous les lime en même temps : »

Donc le lion est le futur mari de la bergère, et l'homme que nous avons vu au troisième plan est un perfide beau-père qui attend que la toilette de noce de son gendre soit achevée pour le donner en pâture à ses chiens. Voilà pourtant ou nous mèneraient, en peinture, les apologues et les allégories.

En revanche, il n'y a rien de mystérieux, ni d'amphibologique dans les conceptions de M. Antigna, qui pécherait presque par l'excès contraire.

Or, disons le ici une fois pour toutes, si la peinture ne doit pas :

« Se servir d'animaux pour instruire les hommes. »

en suivant la méthode de Lafontaine, elle doit pour arriver aux mêmes fins, se servir, et d'après les régles qui lui sont propres, de la nature entière. Tout peut l'aider à parer une pensée instructive, une belle action ou des images qui nous plaisent, et qui mettent en jeu notre sensibilité.

Elle oublie donc sa mission quand elle s'applique à représenter tout bonnement des objets qui n'ont aucun sens moral. On peut bien admirer quelque temps un *Intérieur de cuisine* peint par Téniers ou par Barwer, mais il me paraîtrait inouï qu'un tel tableau nous plût longtemps et que nos yeux n'en fussent pas bientôt rassasiés. Prenez au contraire, pour ne pas sortir de notre cadre, *Hamlet*, le *Prisonnier de Chillion*, le *Convoi* de Leleux, quel monde d'idées, quelles méditations infinies ne puiserez-vous pas dans ces compositions !

A ce compte là, sur les trois tableaux de M. Antigna, un seul est à la hauteur du talent d'exécution qui les distingue tous. Ce sont ses *Enfants dans les blés*, charmantes révélations de l'insouciance et de la gaîté folâtre de l'enfance. Bariolés de fleurs, l'œil animé, le rire sur les lèvres, ils se suivent, s'entraînent, se portent avec une impétuosité qui rappelle les bacchanales de Rubens. Comme il font peu de cas des épis qui plient sous leurs pieds !

La couleur de ce tableau, quoiqu'un peu dure est très passable; le style en est élevé, le dessin vigoureux et correct. *La chercheuse de puces* est peinte dans un meilleur sentiment de couleur; la lumière offre un bel effet, trop tranché peut-être pour être produit par une chandelle; le *Passage du gué* montre une fillette d'un beau dessin et d'une jolie naïveté; la gamme grise de la couleur, très agréable dans la figure, laisse au fond trop d'indécision et de molesses, et devient très pâle quand on porte les yeux sur le *Lion amoureux*, qui est tout à côté de ce cadre.

A propos de gris, nous parlerons de M. Verdier, élève de M. Ingres, ce que ne révèle pourtant pas son pinceau hardi, sa pâte abondante, deux qualités qui rappellent plutôt Couture. *Les femmes à la perruche*, en partie vue de dos, sont posées devant un paysage aussi peu fini qu'elles. La couleur en est grise et harmonieuse, sauf dans la deuxième figure qui est d'un vilain ton bleuâtre. Cette figure est de plus assez gauchement mise en scène.

Le faire de M. Delfosses a quelque ressemblance avec celui de M. Verdier, de même que sa couleur. Toutefois ainsi que l'atteste le *Gage d'amour*, le pinceau et le dessin de M. Delfosses sont plus élevés et plus délicats; ses personnages sont disposés et encadrés avec un goût exquis, celui qui tient à la main une marguerite est ravissant. Cette petite toile gracieuse et élégante, fait grand honneur à M. Delfosses.

Le *Sacrifice de la pudeur*, de M. Guillemin, prouve une fois de plus que cet artiste ne peint jamais uniquement pour peindre et qu'il ne croit pas, lui, que l'esprit puisse rester étranger aux préoccupations du talent. Quant il ne retrace pas quelque type finement observé, il nous montre une de ces scènes fortes de poésie, comme l'*Angelus*; ou de philosophie comme son *Souvenir d'atelier*. Le *Sacrifice de la pudeur*, est un de ceux que l'art ou la science exigent quelquefois impérieusement des sentiments humains les plus tenaces. Au moyen-âge la médecine triompha du respect qui avait jusque-là protégé les morts, en étendant le cercle de ses études au cadavre de l'homme ; dans les temps modernes les Beaux-Arts ont triomphé de la pudeur en exerçant sur le corps vivant leur droit d'investigation.

Une jeune fille au début de sa carrière de modèle, est dans un atelier devant le peintre dont le regard va la couvrir de rougeur. Sur ses traits se lit l'hésitation, la honte et la douleur. Une autre femme déjà montée sur sa table, presque nue, cherche à lever les scrupules de la débutante et lui montre peut-être au bout de son sacrifice le pain qui alimentera sa famille. L'artiste, en arrière, attend patiemment l'issue de ce débat auquel il est habitué. C'est tout un petit drame.

Pourquoi M. Antigna ne choisirait-il pas des sujets de cette portée ? pense-t-il que son talent, qui est incontestable, y perdrait quelque chose ?

Certes le tableau de M. Guillemin, jugé sous le rapport de l'exécution est aussi fort estimable : l'expression de ses figures est vraie ; le peintre et les accessoires qui l'entourent sont dans une donnée de couleur très euphonique, les étoffes sont belles. Mais on ne retrouve pas dans cette compositon l'unité d'effet que l'on admirait dans l'*Avare* de l'exposition dernière, ce qui tient sans doute à l'éclat excessif de certaines parties secondaires des devants. De plus, la petite toile que je viens de citer lui était supérieure par le rendu, par la merveilleuse science du pinceau. Je me hâte de dire que cette critique complétement relative disparaitrait si je cessais de comparer M. Guillemin à lui-même.

Les bons tableaux religieux deviennent de plus en plus rares dans les expositions, et cela n'a rien d'étonnant. Les maîtres de la renaissance et leurs proches devanciers ont rendu impossible la représentation, sous des traits nouveaux, des poétiques personnifications du christianisme ; on pourrait dire d'eux ce qu'on a dit des artistes qui fabriquaient les verrières de nos vieilles basiliques : ils ont emporté leur secret. Raphaël, Léonard de Vinci, André del Sarto, le Corrège, avaient créé pour l'image de la vierge Marie, par exmple, un idéal d'une indéfinissable beauté. Depuis eux, la Mère de Jésus n'a plus été qu'une femme, et encore n'a-t-elle pas été toujours une belle femme. Est-ce le sentiment religieux, ou bien un Léon X qui nous manquent pour rendre à la religion des peintres aussi grands qu'elle ? Peut-être c'est l'un et l'autre.

Assurément c'est le sentiment religieux qui manque à la *Piéta* de M. Jolivet. La Vierge pleurant sur la mort de son fils, descendu de la croix et couché sur ses genoux, est un thème que Michel-Ange et beaucoup de maîtres ont traité bien des fois. Plus qu'aucun autre il présente la difficulté que nous signalions tout à l'heure. Comment en effet rendre l'affliction de la mère de Dieu ? et comment faire sentir jusque dans la mort l'essence supérieure de ce Dieu ?

M. Jolivet n'a pas osé attaquer cette double impossibilité. Sa Vierge est une mère désolée et son Christ un homme bien mort, mais rien de plus. La tête du Christ manque de caractère; celle de la Vierge qu'anime un regard profond est d'une grande vérité d'expression, mais la lourdeur du bas de la face en altère visiblement la beauté. La composition, circonscrite dans un triangle est simple et bien ordonnée. Le travail de M. Jollivet, trop lisse pour une aussi grande peinture, diminue l'énergie de la couleur déjà refroidie par l'usage fréquent de tons laqueux. Tout bien considéré ce tableau mérite encore qu'on le place au premier rang parmi les compositions religieuses du salon.

La *Sainte Famille* est aussi un de ces sujets qu'un peintre ne doit aborder qu'en tremblant, car nos musées sont peuplés des chef-d'œuvres qu'il a inspirés. Il semble que sur cette donnée il n'y a plus rien à faire de neuf ou d'origninal. M. Oscar Gué a voulu néanmoins en essayer. Comme il devait le prévoir, son tableau trahit par son agencement et ses dispositionss d'involuntaires réminiscences. Ce défaut, si cela en est un, est racheté par la fraîcheur du coloris, et l'habileté de la brosse ; les figures sont jolies mais elles manquent d'élévation. La coiffure de la Vierge dénote une féminine coquetterie incompatible avec la subilme candeur de Marie. En examinant de près cette *Sainte Famille*, on reconnaît aisément que M. Oscar Gué a tout ce qu'il faut pour produire des œuvres plus complètes que celle-ci.

La *Notre Dame de Bon Secours* de M. Fozembas est sans doute un tableau votif. Il représente un marin voguant en pleine mer sur les débris d'un mât et élevant une main suppliante vers la protectrice des navigateurs qui lui apparaît au dessus des flots. La tradition nous avait habitués à voir la Vierge au haut de la toile et au milieu d'une éclatante auréole : la convenance et la composition se trouvaient bien de cet arrangement. M. Fozembas a placé sa Vierge tout près du naufragé dans le jour général du tableau ; il s'est privé ainsi de l'espace et des contrastes que lui eussent procurés la règle traditionnelle. La couleur de cette toile est austère et sobre ; la figure de la Vierge immobile à force de vouloir être sereine a encore moins de beauté idéale que celle que nous venons de voir. Avant que son tableau n'aille orner la pittoresque chapelle d'Arcachon, M. Fauzembas ferait bien je crois, de donner un peu plus de noblesse à cette figure.

En face de *Notre Dame de Bon Secours* se trouve *Jésus endormi par le concert des anges*, grande toile qui porte le nom de Mlle Lecran. La critique doit dépouiller son âpreté quand elle s'adresse à une femme, aussi me contenterai-je de rappeler à l'artiste, à propos de concert, qu'il y a une harmonie que la peinture met au dessus de toutes les musiques : c'est l'harmonie des couleurs. En vérité elle a été un peu méprisée ici, et je ne comprends pas comment ce pauvre Enfant Jésus pourrait s'endormir avec le tintamarre de lumières et de tons empourprés qui éclatent dans la toile de Mlle Lecran, dont le motif était, il faut le dire, heureusement trouvé.

Ce n'est pas une trop vive lumière qui blesse l'œil, dans le tableau de M. Lefebvre : *Ste Claire en vénération etc.* Je n'ai jamais rien vu d'aussi parfaitement incolore, que cette scène composée de quelques religieuses qui entourent un vénérable mort, et prient ou se lamentent. Des premiers aux derniers plans, un jour égal et froid éclaire l'action, à laquelle concourrent avec assez d'ensemble, toutes les figures. La couleur de M. Lefebvre, n'a pas plus de relief que d'éclat, et ses personnages sont également plats et pâles.

Il y a beaucoup plus de mouvement et de relief, dans la *Vierge au prétoire* de M. Timbal. Ses draperies sont largement peintes ; la femme du fond, est habilement sacrifiée à la figure de la Vierge, dont, par parenthèse, la laideur est grande et l'air singulièrement éffaré.

Les *Juifs captifs* du même peintre, se distinguent par une belle ordonnance et un style sévère. Un torse nu, assez mal anatomisé et l'allure théâtrale de l'homme drapé qui l'avoisine, déparent ce tableau.

Je ne pourrais dire, si la composition que M. Jacquand intitule la *Dispense du carême*, est une œuvre sérieuse ou une satirique plaisanterie. Il y a dans cette toile, un mélange de choses bouffonnes, et de choses saintes, qui embarrasse l'esprit, et qui, je l'avoue, n'est pas de mon goût. M. Jacquand a travaillé là, pour la gravure ou la lithographie, qui adoptent ces ambiguités dont les marchands savent tirer profit.

C'est bien involontairement, semble-t-il, que M. Tassaert a fait aussi une quasi caricature de *Saint Antoine*, tenté par le démon. Pour être soumis à la tentation, il ne faut pas être absolument hideux ; pas plus qu'il ne faut pour lire les saintes Ecritures, rester dans la position ridicule qu'a prise le saint anachorète. M. Tassaert, pour se faire pardonner ces défauts, a eu le bon sens de substituer aux vilains diablotins des anciens tableaux, de belles filles très avenantes. Du reste, les femmes et le Saint, sont fort bien peints.

La *Communion des premiers chrétiens*, est bien peinte aussi, mais elle n'a guère d'autres qualités. On passe dans ce tableau, sans nulle transition, d'une obscurité profonde aux plus vives clartés. L'action est décousue et sans ordre, enfin, il y a au premier plan un jeune homme dont l'occupation est incompréhensible et la pose impossible.

Voilà des défauts qui ne sollicitent pas l'indulgence pour celui plus grave que je trouve au *Calendrier des vieillards*, petite toile où l'artiste a rendu d'une manière indécente, je ne sais quelle indécente idée, et qui me ramène aux sujets profanes. Il est au moins affligeant de voir un artiste habile occuper ses pinceaux à de telles futilités. Il n'y a plus aujourd'hui que les collégiens qui estiment ces sortes d'exhibitions, et qui puissent trouver quelque plaisir à chercher le mot d'une énigme égrillarde et graveleuse.

Ce n'est pourtant pas par pure pruderie, que je m'élève contre ces sortes de productions : Je professe la même antipathie pour les charges et les caricatures auxquelles s'applique quelquefois la peinture. C'est que je crois qu'en donnant une forme durable, et en sacrifiant beaucoup de temps aux choses, qui **par** leur nature sont destinées à ne vivre et à ne plaire qu'un instant, on fait fausse route. Un crayon facile, un trait spirituel, voilà ce qui convient à ces frivolités qui sont à l'art, ce que les jeux de mots et les calembours sont à la littérature.

Le *Calendrier des vieillards* a plusieurs pendants au Salon. Je n'en dirai rien, pas plus que des autres genres de bouffonneries que je rencontrerai. Revenons à la peinture sérieuse.

On s'étonnera peut-être, que je choisisse pour cela la *Bataille de Grenade* de M. Debon, composition qu'on pourrait appeler héroï-comique, grâce à la mine burlesque et drôlement féroce de certains combattants du premier plan. Cependant il y a dans quelques morceaux de ce tableau, de la vie et du mouvement; et son coloris, quoique assez inégal, est brillant et imité de l'école de Rubens. Cela suffisait sans doute, pour qu'on en fît une mention spéciale.

Ce sont peut-être des descendants des Maures chassés de Grenade, qui se prélassent dans les cadres des deux ou trois maîtres de l'école orientalistes, qui sont venus à l'exposition. Nous avons de Diaz, l'inimitable peintre des splendeurs de l'Orient, un *Kiosque* et une *Femme avec un petit chien*. La peinture magique de Diaz, se refuse à l'analyse : elle est inexplicable dans ses moyens comme dans ses effets. Si on jetait à pleines mains sur un fond de vieux brocart et de damas, toutes les pierreries du monde, l'émeraude du Pérou, la topaze du Brésil, la turquoise de Perse, les saphirs de Bohême, et que l'on éclairât ces richesses d'un rayon de soleil, on aurait un tableau de Diaz. Dans son *Kiosque*, les figures, les terrains, l'eau, le ciel, tout est imbibé de lumière et renvoie des reflets chatoyants. De la pensée, il n'en est pas question, mais c'est le plus réjouissant spectacle qu'on puisse offrir aux yeux. Quelquefois M. Diaz, quitte ces feux d'artifice de la couleur, pour des études d'un autre ordre, témoin les *Deux femmes*, qu'il nous avait envoyées l'an passé et que l'on eut pu croire peintes par le Titien lui-même. La *Femme et le petit chien* n'est pas dans ce cas, c'est simplement une nouvelle manifestation du luxe de palette de cet opulent coloriste.

M. Fromentin moins grand seigneur, nous introduit chez de simples *Tailleurs africains*, charmant intérieur dont les murailles étincellent sous le soleil crû du pays, dont les figures peignent admirablement le flegme grandiose des Arabes. Dans ce petit cadre tout est grand, simple et vrai.

La *Danse mauresque*, d'Hédouin, est moins éblouissante, mais elle n'est pas moins pleine de couleur locale. C'est bien ainsi que doivent danser sous la tente, les brunes filles du désert, devant leurs pectateurs gravement accroupis. Autour de cette tribu en fête, il y a de l'air et de l'espace; pourtant on pourrait reprocher à M. Hédouin, une manière trop vague une molesse trop uniforme; imperfections qui n'empêchent pas ses tableaux d'avoir un charme inexprimable.

On ne saurait par exemple, adresser le même reproche à M. Landelle, dont le pinceau est toujours ferme et précis. Sa *Mauresque* est brossée avec une vigueur qui répond parfaitement au caractère de cette figure. Un regard noir et brulant, a peine amorti par de longues paupières, des narines ardentes et mobiles, trahissent des orages sous l'apparente nonchalence de cette face bistrée. Le ton du tableau est puissant ; le dessin noble et correct. J'aime infiniment moins la *Tête de moine, étude*, du même artiste. C'est savamment peint, les chairs ont du relief et du ressort, la barbe est légère et bien travaillée, mais l'expression y manque totalement : Ce n'est qu'une tête de vieillard d'après un bon modèle.

C'est cette vérité d'expression qui fait le principal mérite de l'*Avare* de M. Beaume. Le mouvement de cet homme, dont la tête seule est dans la lumière, est plein de justesse et de convenance. M. Beaume a exposé des *Chasseurs*, qui sont loin de valoir l'*Avare*, quant à la couleur et à l'effet : on dirait deux dessins de Victor Adam.

Les *Guerriers indiens* de M. Delormel sont, sans doute, des pages détachées d'un album de voyage. Ces deux tableaux qui retracent fidèlement des scènes authentiques, fourniraient à la gravure d'excellents sujets pour des relations de voyages : le manque absolu d'effet, la crudité de la couleur, la sécheresse du dessin leur interdisent toute autre prétention.

Il y a de la sécheresse aussi, mais beaucoup de style dans les peintures néo-grecques de M. Isambert, qui voudrait, à ce qu'il paraît, ramener l'art à quelques milliers d'années en arrière. Pour que de pareilles tentatives soient prises au sérieux, il faut qu'elles émanent d'un artiste de la taille de M. Gérôme, et qu'elles évitent cette manière froide et raide qui n'est que l'exagération de l'antique.

Quel contraste ferait avec ces toiles pâlottes,

la *Jeune femme flamande*, peinte par M. Hollanders. Couleur suave, touche onctueuse, ajustements et accessoires bien étudiés, ce tableau a tout ce qui plait dans les compositions de genre des bons maîtres flamands. Il offre aussi cette symétrie compassée qui rend quelquefois monotones les peintures de l'école hollandaise.

Le tableau de M. Pigal, l'*Apprenti savetier*, descend également de l'école flamande, mais sa lignée est beaucoup moins noble. Cette scène rustique montre l'apprenti et son maître bien occupés et bien attentifs à leur besogne; deux physionomies très expressives, un dessin naïf et vrai.

M. de Beaumont par exemple, n'est pas de l'école flamande : il a pour cela trop d'esprit. Que d'autres peignent des chaudrons ou d'ignobles grotesques, il donne la préférence lui à d'autres choses. Nous connaissons tous, ses charmantes collections de scènes enfantines, et nous savons par quelle finesse d'observation, par quelle grâce de pinceau, il est parvenu à en faire un petit musée des plus intéressants. François, n'a pas mieux traduit les charmes naissants de l'enfance.

Le *Saltimbanque ambulant* appartient je crois, à la collection des *Petits bohémiens*. C'est un enfant qui s'en va sans souci et sans but sur le grand chemin de la vie, portant avec lui tout son monde, ses acteurs, ses compagnons de misère, son gagne pain. Ce petit tableau finement conçu, est spirituellement exécuté. La couleur, travaillée dans la pâte, offre des gris harmonieux. Le mouvement de l'enfant en marche est d'une vérité saisissante. En tout, c'est là une des plus jolies toiles de l'exposition.

Plus de solidité et moins de finesse, se voient dans le *Verrou* de M. Galbrund. Une jeune fille un peu deshabillée, qui se renferme chez elle pour célébrer quelque mystère galant, tel est le sujet du tableau. Pour ne pas paraître par trop pudibond, je ne m'occuperai pas ici de l'idée, et je ne verrai qu'une jolie femme vêtue avec goût et prenant pour fermer sa porte une attitude qui ne peut avoir d'autres fin que de nous montrer un minois brun plein de séductions. M. Galbrund est coloriste dans la bonne acception du mot ; il entend parfaitement la consonnance des couleurs, et il ne méprise pour cela ni le dessin, ni la beauté des formes.

Le tableau de M. Le Poitevin, les *Gardeurs de dindons*, n'est certes pas indécent quant à son sujet ; il l'est au dernier point par le fait de l'étrange posture de la dindonnière. Peut-être ce délit de lèse honnêteté a-t-il été commis sans préméditation, quoiqu'il en soit il est patent, et le public malin, au lieu de s'arrêter à une jolie composition, à des figures frappantes de vérité, de beaux terrains, la gamme agréable de la couleur, le public, dis-je, est tout d'abord attiré par l'attitude provocatrice de cette figure.

M. Destouches, a emprunté au *Mariage de Figaro*, la scène où Chérubin dérobe un ruban à la comtesse, et il a fait rendre à ce motif tout ce qu'il a de gracieux et de pittoresque : on ne saurait mieux peindre l'innocente coquetterie de la comtesse, la tendresse naïve de Chérubin, la malicieuse complaisance de la cameriste. Le caractère de ces trois figures est écrit sur leurs jolis visages et l'on reconnait au premier coup-d'œil, les charmantes créations de Beaumarchais. Le coloris de M. Destouches, frais et gracieux, est à l'unisson avec cette scène parfumée de jeunesse et d'amour candide. Les accessoires du tableau sont traités et agencés avec un tact exquis.

Le pinceau de M. Fontaine ne caresse pas les figures aussi amoureusement, et pourtant sa *Petite laveuse* n'en est pas moins jolie et avenante. Comme cette fillette vaillante et frippée, travaille de bon cœur, et quel dommage que de si jolies mains, aient une aussi vulgaire occuppation. On dira peut-être que le travail du pinceau n'est pas assez fini. Qu'est-ce que cela nous fait si nous si nous voyons bien tout ce que l'artiste a voulu nous montrer.

La *Tireuse de bonne aventure* de M. Gorin, est peinte dans le même sentiment plastique, mais le rendu y est poussé plus loin et la touche en est plus arrêtée. Le personnage qui consulte le vieil oracle édenté, attend dans une belle pose ce qu'il va dire. Derrière la vieille et dans la demie teinte, on aperçoit un espèce de petit gnome chargé de bois ; au premier plan sur un billot, est une poule qu'on vient sans doute de sacrifier aux dieux de la chiromancie. L'effet et la disposition de ce groupe sont bien ménagés, la couleur, partout très chaude, est surtout d'un fort beau ton du côté du petit bonhomme. Ce tableau qui se distingue par une allure magistrale est le meilleur de l'exposition de M. Gorin. J'aurai plus loin à apprécier les productions de cet artiste dans une autre donnée.

M. Félon a un goût prononcé pour les divinités mythologiques sortant de l'onde. Sa *Thétis*, est une belle femme blonde, bien dessinée, et qui offre d'élégants développements; mais elle n'a pas de relief, et son coloris prouve que l'artiste sacrifie volontiers la nature à la convention.

Le *Bonheur maternel*, est aussi un des sujets favoris de M. Félon, et, je crois, la représentation de sa propre famille. Certes cette prédilection est louable mais elle ne doit pas faire oublier à l'artiste, que la variété est une chose fort estimable aussi. Ensuite je voudrais savoir si la teinte rose qui envahit les deux têtes de l'enfant et de la mère embrassés, a été employée pour figurer la couleur locale du bonheur?

L'*Alchimiste* de M. Alaux, a le tort de n'être qu'une excellente étude d'après un modèle assez commun. Aussi cette tête pêche-t-elle par l'expression et ne retrace-t-elle point les traits élevés de la pensée et de la méditation : Un rustre qui voudrait se donner l'air d'un philosophe deviendrait une monstrueuse caricature. Cela avancé, je puis dire que l'étude de M. Alaux est largement et solidement exécutée, et que ses accessoires sont aussi très bien peints. Le *Calabrais* a les mêmes qualités en partage. Mais malgré le pistolet passé dans sa ceinture, il n'a rien de bien effrayant. C'est un Croquemitaine qui ne pourrait faire trembler que des enfants. Quant au *Chien de Palaiseau*, ce n'est pas une heureuse composition, et je ne pense pas que son auteur lui-même y attache une bien grande valeur.

Le *Patre romain* de M. Pignerolle, qui ne fait que montrer sa face brune sous un feutre à larges bords, m'impressionne mille fois davantage que le *Calabrais*, avec son arsenal de guerre.

C'est que la tête de cet enfant, saisissante de naturel, est peinte d'une main vigoureuse, et que la couleur en est dans une donnée italienne d'un puissant effet. M. Pignerolle est bien au-dessous de lui dans l'*Automne* et la *Femme romaine*, peintures fades et sans éclat, comparées au *Patre romain*.

L'histoire de Marie, du voyage sentimental de Sterne, a inspiré le tableau de M. Leveau : *Sterne et Marie*. Le sensible conteur est assis sur le bord du chemin auprès de la pauvre insensée dont il essuie les larmes avec son mouchoir. Dans cette composition, le dessin et le pinceau sont pleins de douceur, je dirais presque de mélancolie. Les physionomies sont empreintes du même sentiment. De loin tout cela est un peu froid, de près c'est touchant comme l'histoire qui en a fourni le motif. Je souhaiterai plus de jeunesse sur les traits de Sterne, ce parfait modèle de sensibilité.

A la place du sentiment et de la poésie, c'est une triviale vérité qui brille sans art dans le *Vin à quatre sous* et le *Fumeur* de M. Mayre. Le premier de ces tableaux pêche par le défaut de concentration dans l'action et la lumière ; le second mieux traité sous ce double rapport, exigerait une touche plus nourrie, plus flamande, qualités essentielles aux choses qui ne sont destinées qu'à l'agrément exclusif des yeux.

La *Nymphe endormie*, de M. Tissier, est d'un très joli ton de chair, mais elle semble par trop applatie sur le bord du riche paysage qui lui sert de chambre à coucher. Le style et la manière de M. Aze, démontrent clairement que Robert Fleury est son maître. Il y a dans le *Marchand d'habits* de beaux empâtements, assez de style, mais un peu trop de prétention à la couleur. L'homme qui dirige l'*arrestation* est monté sur des jambes grêles et tordues qui cadrent mal avec sa taille et les proportions de son torse. M. Lorsay a trois tableaux : La *Brouille*, la *Promenade*, et un *Jeune homme du siècle de Louis XIV*. La couleur, dans les deux premiers, est terne et terreuse; elle est plus agréable dans le dernier, qui représente un type dénonçant quelque préoccupation du genre de Guillemin.

Nous sommes arrivés depuis un moment à la petite peinture de genre, celle qui compte aujourd'hui le plus de disciples. Et cela pour deux raisons : la première, qu'il est plus facile de composer un petit tableau, que d'en concevoir un grand; la seconde, que les artistes trouvent toujours des acheteurs pour les petits tableaux, qu'ils considèrent avec quelque raison comme une monnaie d'un échange facile. Dominés par le besoin de vivre ou leurrés par quelques succès hâtifs, bien des artistes arrêtent à ce point le cours de leurs études et posent leurs tentes à l'entrée de la carrière qu'ils devaient parcourir.

Des maîtres d'une grande portée, Meissonnier, Guillemin, et d'autres, donnent le ton à cette école. Malheureusement les disciples n'ont pas toujours comme leurs chefs un grand talent à mettre à la disposition de leurs œuvres lilliputiennes, et il ne font souvent que de petite peinture dans de petits cadres.

Voici quels sont à l'exposition les représentants de l'école dont je viens de parler : M. Bourgoin, dont le coloris et le pinceau ont quelquefois du brillant et de la vigueur; M. Gintrac, dont les empâtements sont bien audacieux et le dessin bien libre dans le *Christ portant sa croix;* M. Monfallet, qui veut trop ressembler à Plassan, et qui aurait fait des *Quatre âges* un ravissant tableau si la rare finesse du ton avait été accompagnée d'un peu plus d'entente de l'effet, si l'attention du spectateur n'était pas appelée à la fois sur les quatre coins de la toile; M. Haute et son *Petit violonniste;* M. Bataille, dont la toile intitulée une *Promenade,* est pleine de finesse et de suavité; M. Serre, dont la couleur est généralement assez séduisante, et qui réussirait sans nul doute, s'il quittait un peu le mignard pour le vrai, la fantaisie pour la nature; Enfin, MM. Marc, Billot, Coulon, Renié.

Les portraits s'en vont des expositions. C'est une conquête du bon sens sur certaines petites vanités que je constate avec plaisir. On s'est aperçu que la plupart des portraits qui se *fabriquent* n'ont rien de commun avec l'art; et qu'il faudrait être Raphaël, Van-Dyk, Gérard, ou M. Ingres pour créer des œuvres intéressantes dans ce genre rebelle et ingrat : rebelle, car il met souvent l'artiste en présence de sujets que rien ne saurait ennoblir; ingrat, car il est privé des ressources de l'action, de l'arrangement et de l'invention.

Au sein des familles, ces peintures domestiques, quelques mauvaises qu'elles soient, ont une louable raison d'être; livrées au public, elles en corrompent le goût et tiennent la place de choses qui pourraient au contraire le former.

A l'exposition de la *Laiterie,* les bons portraits surtout, comme on le pense, sont fort rares. A leur tête il est juste de placer celui de M. Leman, le seul peut-être qui eut le droit d'être mis au jour, où l'artiste ait su montrer de l'originalité et de l'indépendance dans une œuvre de pure imitation, mérite rare, qui n'appartient qu'aux maîtres que le génie a marqués de son doigt, et qui met un abîme entre eux et les portraitistes vulgaires. Le modèle de M. Leman, M. D'y..., assis, dans une pose vraie et noble, est entièrement vêtu de noir; un manteau drapé à larges plis sur son épaule, voile ce que notre costume a de disgracieux et d'étriqué, et donne à la figure l'aspect grandiose d'un portrait vénitien. La tête, d'un beau caractère, bien modelée, est recueillie sans être inanimée; la carnation laisse deviner, sous l'épiderme, la chaleur de la vie.

L'expression juste de ce portrait assure qu'il est ressemblant. Enfin, son ensemble a ce je ne sais quoi qui fait qu'un portrait devient un tableau et qu'il cesse d'être la chose domestique dont je parlais plus haut.

Les personnes du monde ont l'étrange pudeur de cacher leur nom lorsqu'elles exposent très volontiers leur figure. Je ne pourrai donc désigner que par des initiales les portraits pleins de morbidesse et de fraîcheur de M. Deveddeux. Celui de Mlle de R.., dont la mignonne figure a presque l'incarnat des roses qui l'entourent, est d'un fort bon style. Le portrait du vénérable général d'A.., est plein de vérité; la tête est bien accentuée; mais il présente la choquante réunion d'un bonnet grec posé sur une oreille et de la décoration des Grand'croix de la Légion-d'Honneur.

M. Deveddeux, a encore deux portraits où brillent la même grâce de pinceau, où de belles fleurs et de beaux ajustements se mêlent heureusement à de jolies têtes enfantines. Cependant il ne faut pas qu'il oublie que de la grâce à la molesse il n'y a quelquefois qu'un seul pas.

Le portrait de M. Raymond Bonheur, peint par son fils, montre des mains bien dessinées, une certaine austérité de couleur, des accessoires arrangés avec goût; mais le modèle est bien mal assis sur sa chaise, et l'air de son visage est tel, qu'on ne sait pas s'il veut exprimer la joie ou la tristesse.

M. Fozembas a représenté M. Ruelle, recteur de l'Académie de Corse, en grand costume : Bien disposé et bien placé, ce portrait est peint avec une regrettable sécheresse; le ton en est froid et terne; l'effet général, désagréable. M. Fozembas est un homme de tact et d'étude, qui saura sans doute effacer la mauvaise impression produite par son exposition de cette année.

Avec tous les éléments d'un magnifique tableau : Une tête belle et noble, un costume somptueux, de riches détails, M. Balthazar a fait de S. E. Mgr Donnet, un portrait criard, théâtral, sans distinction. Rarement pourtant des conditions aussi favorables à la peinture, aussi propres à mettre en lumière la valeur de l'artiste peuvent se trouver réunies. Je voudrais voir le même portrait exécuté par M. Leman. Je me trompe fort, ou cet artiste produirait une œuvre en rapport avec la grandeur du sujet.

Le portrait de M. Bourgouin, assez bien peint, offre des empâtements maladroits, qui couvrent les chairs de ruguosités sans leur donner de relief.

M. Petraud s'est peint lui-même dans je ne sais quel pays africain, devant un paysage conçu dans le goût de nos trumeaux ; du reste on peut remarquer dans ses figures quelque habileté de pinceau. Le portrait de M. Lacombe par Mme Gadou, ne se recommande que par la pieuse intention de montrer un homme saint et aimé recevant les hommages d'une respectueuse reconnaissance.

J'arrive maintenant à un genre moins noble et qui trouve sa place, comme un trait d'union, entre l'histoire de la vie humaine et celle de la nature inerte et inintelligente, entre le portrait et le paysage ; je veux parler des *animaux*, qui nous fourniront une matière riche et abondante.

Le temps n'est plus où les Flamands tenaient le haut bout dans cette branche de l'art. Avec Brascassat, que Bordeaux a vu naître, la France a conquis sur toutes les écoles une incontestable supériorité. Doué du vif sentiment de la nature, plein de merveilleuses qualités dans l'exécution, ce maître a, de plus que ses devanciers, le don précieux de communiquer le charme du sentiment et de la poésie aux scènes de l'existence bornée des animaux, et de les rendre dramatiques : c'est par là que nul autre ne peut lui être comparé.

C'est un drame complet et touchant que représente le tableau de Brascassat, la *Vache attaquée par les loups*, dont le titre explique le sujet. L'expression de la vache vaincue et résignée dans sa puissance ; l'impétuosité du loup qui la mord à la gorge ; le hurlement, que l'on croirait entendre, du loup blessé et renversé, tout cela est rendu avec une inimaginable vérité, et compose un groupe d'un effet saisissant. La solidité et le relief du corps de la vache, la puissance du ton, la manière savante dont le pelage fauve des loups est peint et hérissé, complètent la valeur de cette belle composition, dont le seul tort est d'avoir pour cadre un paysage un peu negligé, et déparé par d'oiseux détails.

Espérons que ce chef-d'œuvre ira de l'exposition au musée de la Ville où le talent de Brascassat n'a aucune page qui le représente réellement. D'ailleurs qui a plus de droit que ce modeste et célèbre artiste Bordelais à cette distinction?

On a l'habitude de placer Mlle Rosa Bonheur, sur le même plan que Brascassat, cela n'est pas très juste, à en juger par les envois des deux artistes. Une science profonde, un pinceau ferme et robuste, une étude approfondie de la nature éclatent dans les toiles du maître; tandis qu'un peu de mollesse, une certaine application féminine se voient dans celles de Mlle Rosa Bonheur. C'est ce qui a fait dire autrefois qu'elle traitait les moutons à la Deshoullières.

Le chien courant et le renard de Mlle Rosa Bonheur, sont isolés sur des fonds unis et dans des poses simples et naturelles. Ces études sont à la composition de Brascassat, ce qu'est une académie à un tableau d'histoire. Je répéterai ici ce que je disais des portraits en général : cela manque d'intérêt. Du reste, ces animaux sont admirablement traités. Le travail de la brosse, facile et moelleux, rend bien l'effet des poils. Le renard se détache de la toile plus vigoureusement que le chien, et cela vient peut être de ce que celui ci est sur un fond du même ton à peu près que sa robe.

Un arrangement pittoresque, un joli paysage, un coloris harmonieux, beaucoup de main, tels sont les principaux caractères qui se manifestent dans le tableau de M. Troyon : *Vaches dans une prairie.* Peintre d'animaux et paysagiste à la fois, cet artiste s'occupe davantage des effets d'ensemble, et par là il est plus séduisant que ceux dont je viens de parler. La vache du premier plan est admirable d'attitude et de tranquillité.

Mais voici M. Jadin, un artiste sans pareils pour l'observation, la hardiesse du pinceau, la vérité du trait. Jamais tête de chien ne fut plus expressive que celle de son *Barbet* : Cet animal renfrogné, mal peigné, empâté avec une singulière malpropreté, a mille fois plus d'intelligence dans les yeux que maints portraits de l'exposition. Son voisin le *Mauvais gredin*, brossé avec la même exubérance, les yeux injectés de sang, la lèvre retroussée, est menaçant comme un lion en colère. Ces deux toiles attirent surtout les regards par leur incroyable facture, et sont préférables à celle que le livret intitule 1848. Quel rapport les trois chiens réunis dans ce cadre peuvent-ils avoir avec la révolution dont il porte la date? En poursuivant une idée allégorique, M. Jadin semble avoir perdu de vue les qualités positives que nous lui connaissons et qu'il eut trouvées sans les chercher.

Le *Renard à l'affût* de M. Kiorboé, respire cette ruse proverbiale qui est le lot de son espèce; ses petits lièvres sont aussi d'un naturel étonnant, et le tout est peint dans la pâte avec un charmant abandon de brosse. Les terrains sont consistants et largement empâtés. On voit dans ce tableau qu'un peu d'action n'empêche pas d'être exact et vrai.

La Cabane aux poules, et la *Cour de ferme*, de M. Laffitte, nous introduisent dans de petits intérieurs peuplés de poules et de coqs. Ces deux toiles dont la couleur bien triturée est dans une gamme grise fort douce, rappelleraient Rousseau si elles ne manquaient pas un peu d'air et de lumière, défaut qui leur donne un aspect lourd et mat.

La *Basse-cour* de M. Chaigneau n'a pas le même défaut, tant s'en faut. Elle est tellement inondée de lumière que l'œil en est fatigué, et qu'il cherche en vain un peu d'ombre pour se reposer. Les *Animaux allant s'abreuver*, de M. Paris, sont bien groupés et bien peints, surtout dans les premiers plans du cadre. La *Levrette et ses petits*, de M. Souplet, est d'un coloris terne et sourd à force de vouloir être harmonieux. Les *Chiens courants* de M. Casey, sont artistement arrangés; mais celui qui occupe le milieu de la toile est singulièrement dessiné et monté sur ses jambes; la couleur en est trop ambue pour que je puisse en apprécier le caractère. La petite toile de M. Giroux, les *Chevaux en promenade*, est d'un ordre plus élevé. Elle semble appartenir à la nombreuse famille des chevaux d'Alfred de Dreux. La couleur en est fine, le dessin élégant et correct.

Les tableaux de nature morte sont nombreux et remarquables. Le plus fini, est celui de M. Hautier; il réunit toutes les qualités caractéristiques de ce genre modeste : une intelligente ordonnance, la richesse des tons, la finesse du pinceau, la bonne distribution de la lumière. Un perroquet qui attire malencontreusement l'attention hors du centre de la composition, dépare seul ce tableau qui est certainement l'œuvre d'un coloriste.

M. Haute a deux ou trois petites toiles, représentant des *Légumes* et des *Pièces de gibier*, qui sont arrangées avec un goût exquis. Une lumière douce éclaire ces peintures qu'une touche onctueuse et sage rend fort harmonieuses. Même entente de la composition, et même charme de coloris se voient dans le *Sanglier* de M. Bisson, qui est peint cependant avec plus de hardiesse et de largeur.

Mlle Juliette Bonheur est de cette tribu Bordelaise, dont nous avons tout-à-l'heure nommé le chef. Son tableau de nature morte est plein de jolis détails, la dispositon en est agréable ; mais il manque d'effet par suite du défaut de concentration de la lumière. J'ai remarqué un petit lièvre que l'on croirait peint par Rosa Bonheur elle-même.

Je ne sais par qu'elle galanterie du hasard c'est encore au pinceau d'une femme que nous devons les plus belles *Fleurs* de l'exposition. Les deux tableaux de Mme Apoil sont composés dans un goût vraiment grandiose : ils sont comme une reminiscence des bouquets des vieux maîtres. Aux premiers plans, des fleurs éclatantes, élégamment galbées, s'épanouissent dans un savant désordre ; les fonds, sacrifiés à dessein, laissent tomber tout le jour sur ces gracieuses fantaisies de la création. En tout, ces toiles produisent une telle illusion qu'en les regardant on se prend à oublier l'artiste pour se transporter à ces beaux jours d'été où la terre en fête se pare des splendides couleurs de la palette de Diaz.

Les fleurs sur porcelaine de Mme Girbaud, d'après Vandaël, présentent cette finesse un peu fade, ces surfaces lisses qui distinguent toujours ce mode de peinture. Elles se recommandent par une extrême richesse de détail; mais l'harmonie, la dégradation des teintes y manquent totalement : On s'arrête à des beautés particulières faute d'en trouver d'un rang plus élevé.

Si le bon sens n'était pas la faculté du monde qui s'exerce le moins, il faudrait s'étonner de la diversité de vue des paysagistes à l'endroit de la nature : L'un l'a trouvé trop belle et l'enlaidit, l'autre veut l'embellir ou la recomposer à son gré ; cet autre, enfin, la prend telle qu'elle est et se borne à choisir l'heure, la saison, le point de vue les plus favorables à ses travaux. Celui-ci seul, appartient à l'école du bon sens, celle qui domine aujourd'hui, car, ainsi que l'a dit Jean-Jacques : « Tout est bien sortant des mains de Dieu ». Tout donne une note juste dans le sublime concert de la nature.

Les chefs de ces différentes écoles sont presque tous venus à notre exposition et cela nous permettra de faire d'intéressants rapprochements.

Cabat, est un des révélateurs du paysage moderne. Aussi noble que les partisans de la composition, il est aussi exact que les réalistes les plus avancés. Il sait découvrir la poésie sous toutes les formes qu'elle révèle et son pinceau en l'animant y ajoute un nouveau charme. Son *Paysage* est un de ces coins de la terre où l'air est pur et abondant, où d'épais ombrages invitent au repos, où la luxuriante végétation de l'été a des teintes unies qui délassent les yeux. Le spectateur n'est surpris par aucun effet calculé : Point d'artifices, de moyens vulgaires, d'oppositions insidieuses

Ce n'est pas un tableau, c'est la nature elle-même que l'on admire ; éclatant hommage rendu au génie de l'homme.

Il y a de grandes beautés dans la petite toile représentant *un Bois*, mais les demi-teintes du crépuscule ne conviennent pas toujours à la peinture. Elles détruisent la perspective aérienne et dévorent l'espace.

M. Flers est le maître de Cabat, comme le Perugin fut celui de Raphaël : Je n'éprouve pas devant la *Vue prise d'Aumale* ce plaisir rustique que je décrivais tout à l'heure. Cela ne veut pas dire que je sois insensible à la finesse, à l'exécution moëlleuse et spirituelle de ce petit tableau : le comparer à celui de Cabat, n'est-ce pas en faire un grand cas.

L'*Ile d'Adam*, de M. Dupré, cet autre patron de l'école des naturalistes, annonce plus d'indépendance de pinceau, plus de confiance dans le procédé. Un arbre et quelques détails font les frais de ce paysage. La couleur chaude et ambrée y retient le soleil et projette de vives clartés. J'aurais voulu inscrire le nom de Rousseau auprès de Dupré, mais il ne nous a rien envoyé cette année.

M. Troyon a exposé : *Les bords de la Seine*, peinture tellement délicate et diaphane, qu'il semble qu'au moindre souffle elle s'effacerait comme une vapeur. Pour peindre cette charmante chose, M. Troyon ne s'est pas servi, dirait-on, de la brosse male et forte qu'on lui connaît.

Mais avant d'aller plus loin dans cette école, et pour comparer les forts avec les forts, voyons quelques-uns des maîtres du camp opposé et d'abord l'austère et grave Corot.

Ordonnance simple et nette, lignes élégantes, couleur douçâtre, sujets antiques, arbres composés, touche correcte et lisse, telles sont les quatères que l'on observe dans les productions de Corot, et notamment dans le paysage que j'ai sous les yeux. Quelque incolore et froide que soit cette manière, ce qu'elle a de grandiose, j'en conviens, me charme de prime abord; mais comme je hais la convention, et que je m'aperçois bientôt que je mourrais d'ennui dans la campagne de M. Corot, fut-elle habitée par tous les Dieux de la mythologie, ce sentiment de plaisir n'a qu'une courte durée. Les tableaux de M. Corot ont la saveur fade de certaines idylles qu'on lit une fois, mais que l'on se garderait d'apprendre par cœur.

Les compositions de M. Bellel ne sont pas tout-à-fait aussi étrangères aux données naturelles; il il y a beaucoup d'arrangement, c'est vrai, mais au moins l'artiste se sert-il d'éléments pris dans notre monde. A mon sens, le paysage historique n'est supportable qu'à cette condition.

De hautes montages granitiques entourent un vallon désert et silencieux. Un seul être, un berger modulant sur ses pipeaux, peuple cette solitude; sur la droite, un lointain tranquille creuse la toile : voilà le *O bona pastoris!* de M. Bellel. Le dessin peu mouvementé, la couleur sombre de cette églogue en augmentent la grandeur et la placidité. Des tons fauves et forts s'étendent des terrains aux montagnes en leur donnant une solidité de marbre.

M. Bellel a fait produire à cette association mesurée de l'art et de la nature une œuvre du plus grand style, qui semble inspirée du Guaspre et du Poussin, ou plutôt de Virgile lui-même et de sa magnifique poésie. *L'effet du matin* est moins dans les moyens de M. Bellel, ce n'est pas l'heure qu'affectionne son génie.

Le Nid de l'aigle de M. Flandrin, a des liens de parenté avec la grande page de Bellel. Mais le pinceau y est plus précis, les formes y sont plus arrêtées, la lumière et la couleur plus crûment accentuées. Du reste il y a aussi dans cette petite vallée beaucoup d'élévation et de parfum antique. Les autres toiles de M. Flandrin ont la même physionomie ; la *retraite de Saint-Gérome* est le prétexte d'une remarquable étude de roches.

Pour ne plus revenir aux peintres de cet ordre, je citerai ici *la vue des bords du Gardon* par M. Lanoue, grand prix de Rome, qui a moins de prétention au style, une meilleure idée de la nature, et dont les eaux et les premiers plans sont d'une grande vérité ; *les vues prises près d'Alger*, à la vallée du *Gapeau* et à *Montoire*, par M. Thuillier, où l'on retrouve un peu de la majesté de Marilhat, et de plus une excellente exécution.

Je veux, pour l'étrangeté du contraste, passer de M. Thuillier à M. Huet, le plus féroce réaliste qui soit, témoin *le paysage* et *le moulin* qu'il a envoyés. M. Huet doit avoir fait quelque maladie de style pour professer une prédilection aussi effrénée pour le trivial, le hideux et le désordonné. Il faut un instant d'attention pour découvrir quelque chose au fond du ragout épais, de la couleur verdâtre et partout uniforme de M. Huet. Ce que l'on déchiffre à la fin, explique comment une telle débauche de palette peut trouver grâce aux yeux du public. Pour se livrer à de tels excès, il faut sous peine de mort, avoir le robuste tempéramment de cet artiste.

M. Huet me conduit à parler d'une petite école dont les délégués sont MM. Loubon, Magy et Brest, et qui met en pratique ce renversant paradoxe : le laid c'est le beau. Il paraît qu'à son avis le dessin, la science du pinceau, le clair obscur sont de ridicules préjugés et que l'art consiste à traiter excentriquement des sujets ou des sites communs et grossiers. La couleur froide, la facture étrange et la curieuse perspective des deux tableaux de M. Loubon, *le Souvenir du Var* et *les environs de Nice*, justifient cette assertion. Encore si cet artiste avait pour racheter ses erreurs, la force brutale de M. Huet. M. Magy a plus de chaleur, et il est plus près de la route frayée que son maître, et puis il est guidé par un goût champêtre qui a son attrait. Une grande multitude est entassée dans sa *Forêt de Sainte-Baume*, mais, sans compter que la plupart de ces pauvres gens sont estropiés et se soutiennent comme par miracle, il est évident qu'ils vont tous étouffer faute d'air. Quant aux vues prises à *Saint-Joseph* et au *plan d'Aups*, de M. Brest, où l'on voit des arbres d'une si bizarre tournure, elles seraient placées convenablement dans un cabinet d'histoire naturelle avec cette inscription : — Feuilles de bardane desséchées.

M. Brissot de Warville représente l'école des réalistes ; mais, Dieu merci, il ne ressemble pas plus à M. Loubon qu'à M. Huet. Il peint rustiquement et sans artifices de rustiques sujets, mais il ne les gâte pas à plaisir. Au contraire, sa couleur harmonieuse, tempère l'aspect abrupte de son tableau de la *orêt de Compiègne*. M. Cibot est dans la même voie que M. Brissot; cependant, ses deux paysages révèlent quelques velléités de composition et certains détails mesquins jurent avec la largeur de son travail. *La forêt de Fontainebleau*, de M. Martin est une belle étude d'après nature, où l'on sent bien que l'artiste ne s'est permis aucune infidélité de traduction.

Les motifs de M. Marandon de Montyel sont tirés d'une nature plus élégante. *Le torrent après l'orage* est largement ordonné, facilement peint; *son effet du matin* est d'une couleur trop vigoureuse, on y cherche vainement la fraîcheur poétique du matin. *Une mare* et *le long du bois* de M. Marionneau, présentent aussi beaucoup d'exactitude; la couleur y est adroitement et finement traitée; le *bois* surtout est d'un faire très original, il ressemble pour la simplicité de la composition *aux bûcherons* de Cicéri, petite toile un peu palôte mais d'un effet particulier. Le sentiment de la nature, secondé par des moyens naturels et délicats, se reconnaît dans le tableau clair et gracieux de M. Bohm : *les bords de l'Ypperlée*.

Je n'ai encore rencontré aucun de ces maîtres consciencieux et polis qui copient la nature, en la modifiant seulement au nom de l'ordre et de la symétrie, et qui portent au plus haut point la rectitude et la sagesse du pinceau; école bourgeoise, si l'on veut, mais qui a pourtant ses illustrations. Voici à leur tête M. André, un maître qui rivalise avec la photographie par la vérité et le fini de ses ouvrages, qualités qui n'ôtent rien à la grâce de la touche, ni à l'effet général de ses compositions.

Cet artiste unit une patience de bénédictin au talent et au sentiment d'un grand artiste : c'est le Metzu du paysage moderne.

La vue et *la mare de Begarre*, et *les bords de la Midouze*, de M. André, ont, chose rare, le don de captiver les spectateurs de toutes les conditions, le bourgeois, l'amateur, aussi bien que l'artiste. C'est que dans ces petites toiles il y a du grandiose, une inexprimable vérité, des terrains et des arbres forts beaux, de la fluidité dans l'air, enfin une couleur fine et onctueuse.

Ensuite viennent M. Fleury et *sa vue de Cannes*, peinture lisse, élégante et correcte. M. Hostein qui pousse si loin la probité du pinceau que les feuilles de ses arbres pouraient se compter et que tous les plans de ses paysages sont traités avec la même attention. M. Legentile qui a *doux vues des Landes* où les défauts originaires de l'école sont balancés par beaucoup d'ampleur et de chaleur. M. de de Gernon dont les animaux, les arbres et les terrains ont un air endimanché qu'on ne trouve pas dans la nature. *Le Pâturage d'Auvergne* et le *Retour au village* sont arrangés avec goût et blaireautés avec délice ; cependant, je les abandonnerai volontiers pour *la petite Vue des bords de l'Allier*, où M. de Gernon a très-heureusement approprié sa manière à son sujet. Enfin, MM. Huber, Richard, Monceau, Andiran, Mlle Gibeaudan, qui ont des toiles jolies, proprettes et soigneusement peintes.

Maintenant que j'ai fait connaître les artistes que des qualités bien tranchées me permettaient de ranger dans quelqu'une des écoles à la mode, je vais m'occuper de ceux que leur originalité, leur indépendance ou leur diversité préservent de toute préoccupation d'école où de système.

Le tableau de M. Couveley, représentant le *bas de la rivière de Benadet*, offre de piquants mélanges : la donnée en est agreste, l'effet noble ; le travail abrupte, la couleur éminemment euphonique. Une espèce de glacis règne sur toute la toile et lui donne à la fois de la chaleur et un certain vague sous lequel disparaissent quelques négligences de dessin.

M. Lapito est l'auteur des *Cascatelles de Tivoli*, tableau à effet, à oppositions vigoureuses ; mais qui présente certaines petitesses de détails à côté d'une véritable majesté romaine. M. Baccuet, dans *la vallée du Roumel*, donne lieu à la même critique ; il faut reconnaître toutefois que le mal l'emporte ici sur le bien ; il y a, de plus, dans cette toile, l'indice d'un oubli complet des règles de la lumière. Le *paysage composé* de M. Raymond Bonheur a du caractère ; les plans en sont largement indiqués, mais les devants du tableau attirent l'œil, et font du tort aux fonds.

M. Drouyn a plusieurs paysages qui témoignent des progrès qu'il a faits comme peintre. Travailleur infatigable, savant dessinateur, cet artiste n'avait qu'à acquérir l'expérience du pinceau. Le *Souvenir du Périgord* est un paysage bien arrangé. Une trop grande variété de ton, le defaut de parti pris donnent à l'aspect de ce tableau un peu de froideur. Le ton général du *Soleil couchant dans les Landes* est plus vigoureux ; il y a de la légèreté dans les derniers plans. On voit dans ces deux tableaux que M. Drouyn se souvient trop, quand il peint, de ses consciencieuses études *sur nature* : Le feuillé de ses arbres est tellement détaillé que ses tableaux se couvrent d'une multitude de petites aspérités assez désagréables. Ce défaut a disparu dans *Le matin, souvenir des Landes*, qui est brossé avec plus d'ampleur et moins d'application.

M. Donzel, lui, n'est pas l'homme de la science et de l'étude, son talent procède du sentiment et d'une sorte d'intuition : il n'apprend pas les choses, il les devine. Dessinateur facile quant il lui plaît, il est coloriste toujours et avant tout. Son *Paysage avec figures*, est d'une inimaginable richesse de ton ; tout y a de l'éclat et de l'harmonie à la fois. Ses figures ont de belles chairs ; les arbres tracent de belles silhouettes sur un fond d'une extrême finesse. On pourrait dire que les formes des femmes laissées dans la demie teinte ne sont pas suffisamment indiquées. Avec tous ceux qui ont vu le tableau de la *Cavalcade* dans l'atelier de M. Donzel, je regrette vivement que ce charmant tableau n'ait pas été achevé pour l'exposition. Faut-il s'en prendre à cette indolence par trop arabe qui est un des traits caractéristiques de beaucoup d'artistes ?

M. Delessart à dû naître sous la même étoile que M. Donzel. Ses *Rives du Passaïk* sont peintes avec une verve et une chaleur fiévreuses. Cette nature vierge recevant du soleil couchant des teintes incandescentes offrait à ce vigoureux coloriste un spectacle digne de son pinceau. On ne peut passer devant ce tableau sans être arrêté par son allure originale et emportée.

L'*Oiseleur* de M. Rudder, est d'un coloriste moins fougueux, et séduit plutôt par l'harmonie que par le brillant de la couleur. Les fonds du paysage sont même un peu obscurs. La figure couchée, est d'un dessin correct sinon noble, et les terrains, peints dans la pâte, ont de la fermeté.

M. Claveau s'est corrigé de cette timidité qu'on lui reprochait l'an passé à l'endroit du clair obscur; il ose davantage et cela lui réussit. Il n'a pas perdu toutefois la fraîcheur qui se remarquait dans ses premiers tableaux. Sa petite toile : la *Lecture*, est d'une couleur très attrayante quoi qu'un peu fausse.

M. Goethals n'a pas moins de dix toiles au *Salon*. Cet artiste laborieux et conciencieux, dispose assez bien ses paysages, mais parfois sa couleur est lourde et sombre, et il oublie de faire souffler l'air dans ses toiles. Sa *Plage de Honfleur* peinte dans une gamme brune et chaude, est le meilleur ouvrage de son exposition.

Si j'avais les trésors d'un nabab, j'irais sur la foi des peintures de Gudin et de Garneray, passer ma vie sur les bords de la Méditerranée. J'aurais un Yacht, des rameurs noirs et des musiciens Algériens; et puis un minaret d'où je verrais la mer déployer ses nappes bleues. Il me semble que tout le monde doit penser comme moi, car rien n'est mieux fait pour enflammer l'imagination que les merveilles racontées par le pinceau de ces maîtres.

En effet, quoi de plus éblouissant que la vue de *Constantinople*, de M. Gudin. Par un habile artifice de perspective, la cité turque déroule en panorama ses dômes, ses pyramides, et ses capricieux édifices. Sur la levée, des figures lilliputiennes se pressent et s'agitent; la ligne des quais est bordée par de jolis caïcs à proue aiguë et recourbée ; sur le devant, la mer est hérissée d'innombrables petites vagues. Le soleil glisse, en les embrasant, sur la ville et sur les eaux. Voilà pour la disposition du tableau ; je ne dirai rien de l'exécution : j'ai oublié d'analyser pour me laisser aller au *je ne sais quoi* de Diderot, qui, n'est autre que l'attrait mystérieux du génie. Ce que je sais bien c'est qu'on n'a jamais vu l'héritière de Bysance et de Stamboul mieux parée, plus étincelante.

Dans les marines de M. Gudin les navires ne sont qu'un accessoire, comme les figures dans un paysage ; M. Garneray au contraire en fait un objet principal : Il y concentre l'effet et l'action de ses compositions. Ceci est sensible dans la *Vue du port d'Antibes* où le regard se fixe d'abord sur le navire qui manœuvre au premier plan. Aussi est-il plein de mouvement et la touche en est-elle fort soignée, ainsi que la couleur, qui a, jusque dans la voile blanche qui se découpe sur des nuages azurés, une grande valeur ; la mer et le ciel sont néanmoins très habilement traités. Il y a moins d'ordre et de concentration dans la vue, du reste pleine d'éclat et de saveur orientale, du *Port de Séide* que l'artiste appelle Sidon ce qui ne nous regarde pas ; les bâtiments y sont un peu trop mêlés et confus.

Une mer d'une autre nature baigne le bâtiment poissonnier des *rives de l'Escaut*, toile que recommande la fluidité des eaux, et l'opposition des teintes fortes du navire avec les gris délicats du fond.

Je parle de gris, il n'en est pas de plus fins que

ceux de la *Plage* de M. Roqueplan. Ce tableau composé simplement de deux ou trois figures, d'un coin de ciel, et de quelques vagues qui viennent mourir sur le sable, est rehaussé par une grande vérité et par une couleur argentée du plus séduisant aspect, et qui n'a aucun rapport avec la gamme puissante du *Lion amoureux*.

En surmontant cette plage de hautes falaises taillées à pic, on aurait à peu près le tableau de M. Isabey : Les *Falaises du bourg d'Ault*, dont une puissante main a taillé les roches, battu les terrains et brossé l'imposante et brune couleur. Cette marine me met à même de réparer autant que possible, la faute que j'ai commise involontairement, en ne mettant pas à la tête des tableaux de genre le *Départ pour la chasse* et la *Vue de Caën*, de M. Isabey.

Le temps ne me permet plus que de mentionner ces toiles, dont la première fait admirer la diversité de pinceau, la variété de palette, l'ordonnance distinguée du maître. Quant à la seconde, qui n'est d'ailleurs qu'une esquisse, je dirai que l'exiguité de son cadre rend trop sensibles la liberté de la facture, et l'abondance de la pâte.

C'est toujours *Venise* la coquette que M. Joyant caresse de son pinceau coquet, Venise avec ses palais, son ciel pur, et ses rues où passent les gondoles. Si ce maître n'était pas le plus fin, le plus spirituel peintre que je connaisse, je lui reprocherais d'être toujours semblable à lui-même. Cependant deux choses inattendues me frappent dans son tableau : de légers empâtements dans le ciel, et au premier plan des bateaux assez maladroitement placés.

M. Ouvrié est plus près de la manière de M. André que de celle de M. Joyant. Sa *Vue de Windsor*, est finie et délicate comme une miniature, toutefois le soin du détail n'exclut pas l'accord et l'opposition des ensembles. Les eaux ont cette étonnante transparence particulière à M. Ouvrié.

Le coloris de la *Plage* de M. Hildebrand est bien terne, son ciel bien lourd, et ses figures bien laides. Une seule partie du tableau répond à l'idée que je m'étais faite du maître, c'est le côté fuyant de la plage, dont la couleur est légère et bien dégradée.

La *Marine* de M. Durand Brager, est d'un homme qui connaît par cœur la mer et ses vaisseaux, mais il y a dans l'exécution de ce tableau quelque chose de bourgeois qui fait que le spectateur n'est pas arrêté par ces qualités.

Le tableau de M. Gorin : le *Calme, Clair de lune*, paraît être le pendant de la belle aquarelle qu'il exposa l'an passé et dont on se souvient. Un homme endormi dans une barque, au bord d'un rivage orné de roseaux et de hautes herbes marines, fait tous les frais de cette nouvelle composition. La lune, en déchirant un nuage, jette de capricieuses clartés sur les eaux ; le ciel est lumineux et les demi teintes de la nuit sont assez fidélement rendues. La vague poésie qu'exhale cette œuvre de sentiment, porte à la rêverie et à la mélancolie. C'est là le propre des ouvrages où M. Gorin, qui est poète avant d'être peintre, s'abandonne au courant de ses aspirations.

La *Plage du Havre* de M. Boudin, est une petite toile grise, et pour ainsi dire peinte d'un seul ton. Le ciel, la mer, les terrains, sont estompés par une de ces brumes grises si communes dans le Nord. Il y a pourtant de la lumière et de la poésie sous cette brume, poésie qui a sa source dans la couleur et dans la suavité du pinceau, mais qui n'en a pas moins un grand charme.

M. Mayer est un orientaliste. Sa *Vue prise de Chesmé* a du caractère, sa couleur de l'éclat et quelquefois même de la crudité. On dira peut-être que c'est de la vérité locale. Je le ne crois pas, car sous le soleil le plus tropical, l'air doit conserver sa propriété ambiante et corrective. Gudin et Garneray sont d'ailleurs de mon avis.

L'entrée de la *Rade de Rio-Janeiro* peinte par M. Barry, est pleine de soleil, mais les fonds du tableau sont par trop négligés et lâchés. Quant au *Port de Marseille*, éclairé par la lune, j'avoue qu'il ne me séduit guère. Je ne comprends ce genre de soleil que pour les compositions de sentiment et de fantaisie, où l'artiste peut, jusqu'à un certain point, s'affranchir des entraves de la vérité.

Pour n'être pas un clair de lune, la toile de M. Stock, représentant la côte de *Porto venere*, ne m'en paraît pas d'un effet plus agréable. Si le soleil couchant donnait quelque part de tels tons, il perdrait bientôt sa réputation de coloriste, et je me permettrais de critiquer sa palette.

M. Leyekert a exposé l'*Eté* et l'*Hiver*, deux petites toiles bien peintes, mais dont la première, par je ne sais quel contre sens de couleur est glaciale, tandis que celle-ci est dorée par le soleil. M. Hintz a plusieurs tableaux. Un seul, la *Plage de Trouville* se distingue par des rochers d'un beau ton et d'une grande consistance. Enfin, M. Collignon nous montre une composition intitulée un *Hiver en Hollande, effet de nuit.* L'artiste aurait dû ajouter : *et effet de neige et de lumière ;* car cet extravagant amalgame se rencontre dans son tableau, ce qui me dispense de toute appréciation sérieuse.

L'étude de l'archéologie et de l'architecture, je le confesse ici, m'agrée infiniment. Cependant je la sépare toujours de celle des arts du dessin dont le pittoresque est la principale tendance. Les artistes devraient il me semble, suivre la même marche dans la pratique : au travail précis du compas appartiendrait dès lors la reproduction des monuments, au pinceau docile et flexible, la création entière.

Pour ma part et quel que soit le talent spécial de ce maître, j'ai toujours vu avec surprise le pinceau distingué de M. Dauzat, notre compatriote, se contenter du rôle étroit réservé à l'équerre et au compas.

Le motif de son tableau est toutefois, assez pittoresque. L'architecture de la *Chapelle de Santiago, cathédrale de Sarragosse,* qui paraît se rapporter au XVIme ou au commencement du XVIIme siècle, offre une certaine régularité, mêlée à une pompeuse liberté. La décoration de l'arceau d'entrée est d'un goût très original.

M. Dauzat n'a éclairé que la coupole de la chapelle ; le reste du tableau est dans une vigoureuse obscurité. Cette opposition, le travail pur et moelleux de la brosse, et le dessin magistral de l'artiste, me font, sauf les idées générales que j'ai émises, admirer sincèrement la chapelle de Santiago.

L'*Intérieur d'une église de Belgique*, peint par M. Genisson, est du style élégant de la renaissance. L'ornementation en est pourtant un peu froide ; la couleur toute flamande, est très harmonieuse ; la perspective, bien indiquée.

M. Ramade a exposé, l'*Intérieur d'une église de campagne*, intérieur pauvre d'architecture, d'ornements et de décoration. J'ignore ce qu'il a pu trouver là d'intéressant.

Presque tous les dessins de l'exposition proviennent des maîtres dont j'ai parlé dans les pages précédentes ; je ne les verrai donc que sommairement. Le grand dessin de M. Bellel rappelle son paysage par le style et l'élévation de la pensée, mais il manque de parties vigoureuses, défaut capital dans un dessin, où tous les tons sont représentés par le noir et ses diverses dégradations.

Les quatre paysages de M. Quinsac, dessinés au fusain, sont aussi sévèrement conçus ; ils sont plus colorés et plus lumineux. Les roches, les arbres et les terrains sont admirablement traités. Cette exposition met M. Quinsac au rang de nos plus habiles dessinateurs. Les dessins de M. Dubouché sont toujours grassement crayonnés, pleins d'effet et de lumière. Les *croquis à la mine de plomb, sur nature*, révèlent les consciencieuses études de M. Drouyn et, chose étonnante, ils montrent dans le feuillé des arbres plus de largeur que les tableaux de cet artiste.

M. Barret, élève de M. Drouyn, a des dessins qui rappellent par la chaleur du ton et le piquant des effets, les fusains de son maître. M. Chabry a, entr'autres, un dessin au crayon noir, d'une rare finesse. M. Eudel est toujours un dessinateur de bonne compagnie; son crayon gracieux continue à glaner avec succès dans nos campagnes, pour en rapporter de charmants *souvenirs.*

Je répéterai à l'occasion de M. Horace Vernet, une réflexion que fit très judicieusement M. J. Delpit, l'année dernière : ou M. Horace Vernet a envoyé lui-même à l'exposition son croquis *de la rencontre des Princes*, etc., et alors il fait peu de cas de l'opinion que nous pouvons prendre sur son compte; ou ce croquis a été exposé à son insu, et je trouve dans ce cas qu'il aurait quelque raison de ne pas approuver cette initiative.

Le dessin de M. Vidal : *la Paresse,* est un ravissant feuillet détaché de son album des filles d'Eve. Quelques coups de crayons ont suffi pour animer cette créature dont la tête est si jolie, la main si noble, l'air si méditatif. Cette ombre, cette vapeur de femme est la plus jolie fille d'Eve qui soit.

M. de Beaumont a deux aquarelles : *Un jeune bas bleu* et *le retour du bal*, où je retrouve l'esprit et la gentillesse qui abondent dans le tableau du *Petit saltimbanque.*

M. Gorin a cinq aquarelles. Toutes sont pleines de sentiment et de chaleur, et dénotent une fois de plus la facilité de cet artiste. Les deux grandes marines, à l'aquarelle, de M. Héroult, sont robustement traitées, mais elles ont un défaut de transparence et de légèreté qui leur nuit singulièrement.

Je ne saurais rien dire du pastel de M. Landelle qui est placé un peu haut, si ce n'est que le coloris m'en paraît très-puissant. Les portraits au pastel de M. Durand, ont l'éclat et la fraîcheur de la peinture; le ton des chairs est délicat, les draperies sont étoffées, les accessoires charmants. On y voit des dentelles merveilleusement chiffonnées.

M. Lassalles a envoyé une lithographie très-colorée, d'après la *Cléopatre* de Gigoux. Je suis heureux de citer ce premier envoi de l'habile lithographe bordelais.

La seule gravure qui soit à l'exposition est aussi d'un bordelais, M. Desclaux, elle reproduit l'assassinat *du duc de Guise*, de Paul de Laroche. La lumière y est bien distribuée, l'effet général bien entendu. Mais les détails d'exécution de cette gravure qui est suspendue au-dessus d'une porte m'échappent entièrement.

Le bronze et le marbre ne se déplacent pas aussi facilement que la toile d'un tableau. Aussi ne verrons-nous jamais venir de Paris à nos expositions de grands ouvrages de sculpture. En revanche nous avons un grand nombre de ces élégants petits objets multipliés par le bronze ou le plâtre, pour l'ornement de nos salons.

Le seul morceau de grande dimension que nous mentionnerons, est le groupe de M. Poitevin intitulé *le Vengeur* et rappelant un haut fait de notre marine. Ce groupe, composé de quatre à cinq personnages de demi nature, est compris dans un triangle et affecte la forme pyramidale; les figures qui pourraient être plus nobles en sont bien emmanchées et expriment une grande énergie. Les pieds, les mains, et quelques parties nues dénoncent une connaissance approfondie de l'anatomie. Cette œuvre supporte, sans y rien perdre, qu'on l'envisage sous toutes ses faces, épreuve funeste aux choses moins habilement disposées. Le groupe de M. Poitevin est en plâtre, mais le mouleur a si bien imité le bronze qu'il serait permis de s'y méprendre.

Le bas relief de M. Coëffard représentant *Jésus-Christ portant sa croix*, n'a pas l'unité d'action qui me charme dans le groupe de M. Poitevin. La distribution des figures sur deux plans uniques cause peut-être cette diffusion. Du reste M. Coëffard a de la verve et de la facilité; mais il n'a pas cette ardeur mystique qui doit illuminer, pour ainsi dire, les œuvres de sainteté.

Cette espèce de piété, M. Eude ne l'a certes pas davantage; son bas relief de: *La Vierge et l'Enfant Jésus* est d'une désespérante vulgarité d'expression et de forme. Au contraire, il a dépensé beaucoup de grâces naturelles dans: *Captive des Amours*, médaillon artistement fouillé et dont les figures se développent très élégamment.

Les bas reliefs en bronze de M. Felon: *Amphytrite et Galatée* ont la délicatesse et les défauts de sa peinture; l'effet en est fade et mou.

M. Maggesi, l'habile professeur de l'école de sculpture de la ville, n'a rien exposé; un de ses élèves, M. Gabourin, a envoyé six portraits médaillons en plâtre. D'une saisissante ressemblance, ces petits portraits sont tous habilement exécutés; celui de M. Faurt est surtout d'un très-beau caractère: Ce profil, fin et délicatement modelé, est couronné d'une chevelure largement massée et peignée avec une ravissante morbidesse. Un maître consommé signerait volontiers ce petit médaillon.

Les sculpteurs d'animaux ont ouvert à notre

profit leurs riches ménageries. M. Mène a neuf groupes ou études d'animaux en bronze. Les connaissances anatomiques, la correction, la distinction de ce maître paraissent dans toutes ses œuvres, et particulièrement dans ses études et ses sujets peu compliqués. Plutôt appelée par sa nature à montrer un état qu'une action, la sculpture repousse les scènes mouvementées et compliquées. Par exemple, un sanglier luttant contre des chiens, fournirait le sujet d'un beau tableau, tandis qu'un sculpteur en fera difficilement un groupe autour duquel un homme de goût pourra tourner. Et puis le moyen d'éviter les hiatus formés par des corps qui se touchent et se rencontrent en tous sens? Cela avancé, je ne trouve rien que d'admirable dans *la vache*, *le taureau*, *les chevaux*, *les brebis* et *les chiens* de M. Mène.

M. Fremiet a plus de sentiment et moins de science que M. Mène. Ses études sont pleines de vérité et d'animation, ce qui tient peut-être à ce qu'il évite les groupes composés. Je n'ai rien vu de plus naturel, de plus expressif que *la chatte et ses petits*, *la chienne et ses petits*, *l'anesse et le biquant*.

Le taureau, bronze, de Mlle Rosa Bouheur est beau et vigoureusement modelé; son *mouton* est un peu lourd, défaut qui vient sans doute de la difficulté de bouillonner la toison. *La lionne*, de M. Isidore Bonheur a une puissante tournure; son groupe en bronze représentant un *cavalier nègre attaqué par un lion*, est consciencieusement traité, l'ensemble en est aussi parfait que le comportait une telle donnée.

M. Cain s'est fait une curieuse spécialité, il ne jette dans ses moules que des Hérons, des Cigognes, des Ibis, etc., etc., et cela parceque ces oiseaux ont une pittoresque désinvolture, et d'étranges tournures. Il me semble que la sculpture décorative pourrait seule tirer un parti raisonnable de ces motifs, dont la frivolité ne mérite pas les honneurs du bronze.

Les limites qui me sont tracées ne me permettent pas de pousser plus loin cette revue critique du *Salon*. Je m'arrête donc ici.

D'ailleurs j'en ai dit assez pour soulever contre moi une tempête de récriminations, pour m'exposer à mon tour à de rudes censures. Quoique je sois resté en dehors de tout esprit de camaraderie et de système, je sais d'avance quel sort m'est réservé. Les artistes que j'ai critiqués diront que je n'ai pas le sens commun; ceux dont j'ai dit quelque bien penseront que j'en aurais dû dire davantage; enfin, ceux dont je n'ai pas parlé me feront un crime de mon silence. Le moyen pourtant de contenter sa conscience et les exposants?

Mais je me consolerais volontiers de tous ces déboires si, en publiant cette brochure, je parvenais à fixer l'attention du public sur le but de la Sociétés des Amis des Arts et sur les services importants qu'elle a déjà rendus. J'en serais même amplement dédommagé si je gagnais quelques adhésions nouvelles à une institution qui s'est imposé la louable mission de propager et de populariser les arts dans notre riche et belle cité.

1er Décembre 1852.

www.ingramcontent.com/pod-product-compliance
Lightning Source LLC
Chambersburg PA
CBHW070218230526
45471CB00002B/972